Gertrud Teusen

Energiegeladen durch Hypnose und Selbsthypnose

Selbsthilfe in Trance

Urania

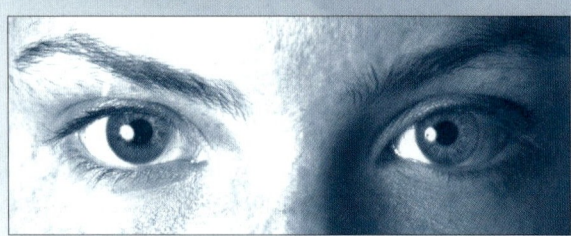

Die Deutsche Bibliothek – CIP-Einheitsaufnahme
Teusen, Gertrud:
Energiegeladen durch Hypnose und Selbsthypnose : Selbsthilfe in Trance / Gertrud Teusen. - Berlin : Urania-Verl., 1998
ISBN 3-332-00704-1

Umschlaggestaltung: Behrend & Buchholz, Hamburg
Titelbild: The Image Bank Bildagentur
Produktion: MediText, Stuttgart
Fotos: Adobe Image Library (4), Aktuelles Foto-Archiv (1), Digital Stock (2), Digital Vision (2), Photodisc (2)
Druck: Westermann Druck Zwickau
Printed in Germany
Gedruckt auf alterungsbeständigem Papier und chlorfrei gebleichtem Zellstoff

© 1998 by Urania Verlag
in der Dornier Medienholding GmbH, Berlin

Die Verwertung der Texte und Bilder, auch auszugsweise, ist ohne Zustimmung des Verlags urheberrechtswidrig und strafbar. Dies gilt auch für Vervielfältigungen, Übersetzungen, Mikroverfilmungen und für die Verarbeitung mit elektronischen Medien.

Die Ratschläge in diesem Buch sind von Herausgeber und Verlag sorgfältig erwogen und geprüft, dennoch kann eine Garantie nicht übernommen werden. Eine Haftung des Herausgebers bzw. des Verlags und seiner Beauftragten für Personen-, Sach- und Vermögensschäden ist ausgeschlossen.

ISBN 3-332-00704-1

Zum gleichen Themenbereich im Urania Verlag erschienen:
Harmonisch ausgeglichen durch Ayurveda (Nr. 702-5)
Glücklich und vital durch Selbstmassage und Massage (Nr. 703-3)
Weniger Streß und Leistungsdruck durch Autogenes Training (Nr. 679-7)

Inhalt

**Hypnose –
helfende Therapie oder fauler Zauber?**   5

**Probleme lösen –
besser leben**   19

**Schmerzen lindern –
dem Körper helfen**   27

**Süchte bewältigen –
genießen lernen**   35

Wichtige Zutaten für die Selbsthypnose   45

Register   48

HYPNOSE – HELFENDE THERAPIE ODER FAULER ZAUBER?

Das Wort Hypnose leitet sich vom griechischen Wort „Hypnos" ab, was soviel wie „Schlaf" bedeutet. Dabei ist diese wörtliche Übertragung eigentlich falsch, denn der Hypnotisierte schläft nicht, sondern ist sogar auf besondere Weise hellwach.

Das Wort „Hypnose" wurde 1843 von dem englischen Arzt James Braid eingeführt. Er fand heraus, daß die anhaltende Fixierung eines glänzenden Gegenstands Müdigkeit hervorruft. Für seine Erkenntnisse erntete er jedoch nur Spott und Verachtung.

Erst Jahrzehnte später begann die wissenschaftliche Anwendung seiner Erkenntnisse durch den Arzt Ambroise-Auguste Liébeault und Hippolyte Bernheim, Professor an der Universität von Nancy. Sie erreichten bei den Versuchspersonen einen hypnotischen Schlaf durch verbale Suggestion.

Doch auch diese ersten Erfolge konnten die Hypnose als anerkannte Therapie nicht durchsetzen. Sie fand in den fünfziger Jahren nur bei einigen Kriegsneurose-Patienten Anwendung und verkam darüber hinaus zur zweifelhaften Effekthascherei durch zahlreiche Bühnen-Hypnotiseure.

In den letzten 40 Jahren kam die Hypnose, vor allem in Großbritannien und Amerika, zu wissenschaftlichem Ansehen. Sie nimmt seither in der Medizin einen festen Stellenwert ein.

In Deutschland ließ das Bundesgesundheitsamt 1991 ein Gutachten über die wissenschaftlich nachweisbare Wirksamkeit der Hypnose-

Hypnose – helfende Therapie oder fauler Zauber?

Auch Sigmund Freud experimentierte in Nancy mit Hypnose, konnte jedoch diesem Verfahren nichts abgewinnen. Statt dessen überließ man das Feld dubiosen Hypnosekünstlern, die das Image bis heute negativ beeinflussen.

therapie erstellen. Das Ergebnis war eindeutig: Die Hypnosetherapie wurde als eine wirksame Heilmethode in ganz bestimmten Problemstellungen dokumentiert.

Hypnose ist ein Zustand, der, oberflächlich betrachtet, dem Schlaf ähnelt, in dem jedoch der Hypnotisierte aus einer anderen Bewußtseinsebene heraus – wie im normalen Wachzustand – funktioniert. Seine Körperwahrnehmungen verändern sich. Er fühlt sich leichter oder schwerer, größer oder kleiner, als er in der Realität ist. Der kritische oder logische Verstand wird „ausgeschaltet" und weicht einer traumgleichen, unlogischen Form des Denkens. Die Phantasie produziert dabei farbenprächtige Bilder sowie intensive Geräusche und Gerüche.

Was ist Selbsthypnose?

Jede Hypnose ist auch Selbsthypnose. Nichts geschieht gegen den Willen des Hypnotisierten.

Jede Hypnose ist eine Selbsthypnose, denn wenn der Betroffene sich nicht in den Einfluß des Hypnotiseurs begeben will, funktioniert das Ganze nicht. Darüber hinaus gibt es zahlreiche Verfahren und Möglichkeiten, sich ganz selbstbestimmt in Trance zu versetzen. Das passiert beispielsweise bei Meditation, autogenem Training oder Autosuggestion.

Selbsthypnose beginnt damit, daß der Verstand seine Vorherrschaft über das Unterbewußtsein aufgeben muß. Diesen Zustand kann man durch unterschiedliche Verfahren herbeiführen. Im wesentlichen richtet sich die Methode immer nach dem Ziel, das erreicht werden soll.

Was ist Trance?

Trance ist alles, was wir tun, ohne eine besondere Aufmerksamkeit darauf zu verschwenden. Sie kann eintreten, wenn wir in etwas geübt oder routiniert sind. Immer dann, wenn wir etwas machen, was „wie von selbst" geht, haben wir es schon mit einem tranceähnlichen Zustand zu tun.

So können manche Frauen stricken, ohne ein einziges Mal hinzusehen. Nebenbei führen sie noch ein anregendes Gespräch. Wir fallen in Trance, wenn wir einen spannenden Film ansehen oder in ein interessantes Buch vertieft sind. Dann nehmen wir nichts mehr um uns

Hypnose – helfende Therapie oder fauler Zauber?

herum wahr, nicht den kratzenden Pullover oder den Lärm von der Straße, weder den unbequemen Kinosessel noch das raschelnde Bonbonpapier.

Als Trance bezeichnet man eine Art Schwebezustand, ähnlich dem kurz vor dem Einschlafen. Die Aufmerksamkeit richtet sich nach innen – und blendet alles Störende drum herum einfach aus.

In Trance geraten wir manchmal auch, wenn wir auf einer leeren Autobahn dahindüsen. Wem ist es dabei noch nicht passiert, daß er einmal mental abgedriftet ist und sich einige Kilometer später plötzlich bewußt wiederfand.

Etwas Ähnliches passiert vielleicht mit Ihnen selbst in genau diesem Moment. Sie lesen diese Zeilen mit hoher Aufmerksamkeit und blenden dafür alles um sich herum aus. Sie spüren vielleicht gar nicht, wie Ihre Hände dieses Buch halten – erst jetzt, wo Sie daran erinnert werden, fällt es Ihnen wieder auf.

Trance – in diesem Sinne definiert – hat also gar nichts Magisches, sondern scheint ein ganz normaler Vorgang zu sein. Es ist ein Zustand, bei dem sich der Geist vom Körper distanziert. Bei dem sich die Aufmerksamkeit einschränkt und voll und ganz auf etwas anderes konzentriert.

Was bewirkt Trance?

Trance wirkt wie autogenes Training oder bestimmte Entspannungstechniken beruhigend und verhindert dauerhaft schädigende Streßreaktionen im Körper. In Trance ist die Aufmerksamkeit des Menschen nach innen gerichtet – dieser Zustand kann unbewußt aber auch bewußt herbeigeführt werden. In diesen Augenblicken ist der Betroffene sehr aufmerksam und empfänglich für Veränderungen. Trance hat nichts mit Schlaf zu tun, sondern mit einer anderen Form der mentalen Wachheit. Das führt dazu, daß man Situationen und Probleme aus einer gewissen Distanz heraus betrachten kann und deshalb auch zu unerwarteten Lösungen kommt.

Ganz gleich, ob man sich selbst in Trance versetzt oder durch einen anderen hypnotisieren läßt, man hat stets Einfluß auf das, was passiert. Ohne daß man es will, kann Hypnose nicht funktionieren.

Ganz entspannt im Hier und Jetzt – das ist Trance, wenn wir alles um uns herum vergessen – im Kino, im Sessel oder am Küchentisch.

Alltagstrance hat jeder Mensch schon oft erlebt. Am gefährlichsten ist die sogenannte Autobahn-Trance, bei der die Eintönigkeit uns einzuschläfern droht.

Was passiert im Gehirn, wenn ein Mensch hypnotisiert wird?

Die körperlichen Reaktionen unterstützen den therapeutischen Effekt der Hypnose.

Das war lange Zeit ein Rätsel. Zunächst konzentrierten sich die Wissenschaftler auf das Offensichtliche – und das waren die körperlichen Veränderungen, die bei einer Hypnose zu beobachten waren:
- Atemfrequenz, Herzschlag, Blutdruck und Stoffwechselumsatz gehen zurück;
- die glatte Muskulatur von Darm und Atemorganen, die nicht willentlich gesteuert werden können, entspannt sich;
- der elektrische Hautwiderstand stabilisiert sich;
- die Konzentration von Adrenalin und Cortisol im Blut nimmt ab;
- ebenso läßt die Konzentration der roten Blutkörperchen und Blutplättchen nach;
- allergische Reaktionen werden schwächer;
- das Gehirn wird stärker durchblutet;
- die für die Immunabwehr wichtigen weißen Blutkörperchen nehmen in Hypnose zu.

Diese körperlichen Reaktionen wurden zumeist erst in den letzten Jahren erforscht. Sie sagen allerdings noch wenig darüber aus, was im Gehirn bei der Hypnose passiert und wie sie wirkt. Andererseits geben die medizinischen Erkenntnisse erste Hinweise darauf, welche Krankheiten und welche Beschwerden durch Hypnosetherapie gelindert werden können.

Alphawellen machen Hypnose sichtbar

Das menschliche Gehirn erzeugt unter anderem zwei Arten von schwachen Nervenströmen:
- Alphawellen, die nur bei geschlossenen Augen auftreten.
- Betawellen, die im Wachzustand bei offenen Augen entstehen.

Messungen mit dem Elektroencephalogramm (EEG, ein Gerät, das die Hirnströme mißt und aufzeichnet) haben ergeben, daß im hypnotisierten Zustand im Gehirn vermehrt kurzwellige Alphawellen produziert werden, was darauf hinweist, daß der Körper völlig entspannt, der Geist jedoch hellwach

Hypnose – helfende Therapie oder fauler Zauber?

ist. Beim Schlaf, im Gegensatz dazu, werden langwellige Alphawellen gemessen. Deshalb steht fest, das Hypnose nichts mit Schlaf zu tun hat und schon gar nichts mit Bewußtlosigkeit.

Bewußtsein und Unterbewußtsein – zwei Seiten einer Medaille

Das Bewußtsein vermittelt uns die Fähigkeit, im tagtägichen Leben Entscheidungen zu treffen, logische Schlüsse zu ziehen, rational zu denken und Handlungspläne zu entwickeln. Im Gegensatz dazu arbeitet das Unterbewußtsein im verborgenen, ist aber nicht minder einflußreich. Es arbeitet mit Emotionen, Vorstellungen und Erinnerungen. Darüber hinaus beeinflußt es das vegetative Nervensystem maßgeblich.

Im einzelnen sieht das so aus:

▶ Emotionen sind das genaue Gegenteil von Rationalität. Gefühle wie Freude, Glück, Wut, Ärger, Angst und so weiter werden aktiviert, ohne daß wir das bewußt wollen. Schon ein Gedanke kann Emotionen auslösen, ebenso wie die Bemerkung eines anderen oder die bloße Erinnerung an einen längst vergessenen Zwischenfall.

▶ Vorstellungen sind ein Oberbegriff für die vielfältigen Leistungen des Unterbewußtseins – Ideen, Kreativität, Intuition, Phantasie und Träume haben hier ihren Platz.

▶ Erinnerungen an alles, was wir jemals gesehen, gehört, erfahren oder erlebt haben, werden ebenfalls im Unterbewußtsein gespeichert. Sie sind nicht ständig verfügbar, können aber bei Bedarf abgerufen werden oder ungewollt Verhalten beeinflussen.

▶ Das vegetative Nervensystem steuert und reguliert automatisch die Funktion unserer inneren Organe. Es läßt die Pupillen weiter werden, wenn es dunkel ist; es macht den Mund wäßrig, wenn wir eine leckere Speise sehen.

Diese vier Wirkungsbereiche des Unterbewußtseins sind eng miteinander verbunden und spielen oft zusammen. Ein Beispiel: Ein Mann behandelt uns in barscher und unfairer Weise. Wir spüren negative Emotionen aufkommen, die wie-

Ohne Bewußtsein würden wir im täglichen Leben versagen. Rationales Denken, logische Schlußfolgerungen und konsequente Handlungspläne werden dort entwickelt.

Emotionen, Vorstellungen, Erinnerungen und das vegetative Nervensystem sind die vier Hauptgebiete des Unterbewußtseins.

Hypnose – helfende Therapie oder fauler Zauber?

Das Bewußtsein ist der Wachhund der Seele. An der Pforte zum Unterbewußtsein schlägt er jedesmal Alarm, wenn eindringende Eindrücke Schaden anrichten könnten.

derum das vegetative Nervensystem alarmieren – der Puls rast, der Blutdruck steigt, es verschlägt uns den Atem. Die Reaktion hinterläßt Spuren im Erinnerungsvermögen. Treffen wir wieder einmal diesen Mann, der uns einst so unfair behandelte, steigen die gleichen Gefühle auf, werden die gleichen Reaktionen ausgelöst, auch wenn er diesmal gar nichts getan hat.

Mit unseren Sinnen nehmen wir die Welt wahr. Doch was diese dem Hirn melden, ist zumeist nur ein Teil der Wahrheit – oder anders ausgedrückt, nur ein Ausschnitt der Wirklichkeit. Gedanken, Erinnerungen und Emotionen mischen sich ein und beeinflussen unser Bild von der Welt. Die Psychologie nennt das, was da passiert, kreative Selbsttäuschung. Sie spielt eine große Rolle bei der psychischen Gesundheit, weil sie unsere Seele vor schädigenden Eindrücken schützt. Sie kann mehrere Ausdrucksformen haben:

▶ Illusionen, Phantasien und darüber hinaus alles, was das Unterbewußtsein produziert, gleichen einem komplizierten Filter – und einem Selbstreinigungssystem der Psyche.

▶ Diese Abwehrmechanismen finden wir in Träumen, Phobien und Halluzinationen wieder, aber auch im Humor oder religiösen Erfahrungen. Sie helfen uns, Krisen zu bewältigen, Konflikte zu lösen und machen Schmerzen erträglich.

▶ Diese Mechanismen laufen unterbewußt ab, ohne daß wir sie bemerken.

▶ Das Abwehrsystem entstellt, verzerrt oder verleugnet die Realität. So wollen wir beispielsweise den Tod eines geliebten Menschen nicht wahrhaben – und schauen deshalb der Realität auch nicht ins Auge, schonen gleichermaßen die Seele.

Diese Abwehrmechanismen halten unsere Psyche gesund, denn sie aktivieren auch neue Energien und bieten dadurch Möglichkeiten an, Konflikte zu lösen. So werden schmerzhafte oder unangenehme Erfahrungen im Leben oft die Triebfeder für Veränderungen.

In der Psychologie spricht man dabei beispielsweise von Sublimierung. Darunter versteht man die Umwandlung frustrierender Gefühle, Schmerzen und Ängste in Leistung auf anderen Bereichen. Beispiele dafür gibt es viele, so wurde Beethoven schon mit 30 Jahren von Schwerhörigkeit geplagt. Die Frustration darüber beflügelte seinen Geist zu musikalischen Höhenflügen, und die besten Werke komponierte er, als er bereits den Applaus des Publikums nicht mehr hören konnte. Das körperliche Manko einerseits wurde durch den künstlerischen Erfolg andererseits kompensiert.

Eine andere Möglichkeit, seelischen Konflikten zu entkommen, ist Altruismus. Menschen, die diesen Ausweg suchen, setzen sich vollkommen uneigennützig für andere ein und entwickeln dabei ungeahnte Stärken. Dadurch trösten sie sich über die eigenen Schmerzen, Enttäuschungen und widersprüchlichen Gefühle hinweg. Nicht selten geschieht es dabei, daß sich das innere Chaos durch die äußerliche Betriebsamkeit entwirrt und den Blick auf neue Erkenntnisse freigibt.

Auch Humor kann dazu dienen, Ängste und Konflikte zu bewältigen. So kommt es nicht von ungefähr, daß viele große Komiker – man denke nur an Charlie Chaplin – im wahren Leben schicksalsgebeutelte Menschen waren, die eigentlich so gar nichts zu lachen hatten.

Durch Hypnose läßt sich das Unterbewußtsein beeinflussen

Die natürlichen Abwehrmechanismen des Unterbewußtseins funktionieren aber nicht immer, und manchmal gibt es auch keine Möglichkeit, Konflikte wie oben beschrieben zu kompensieren. Das wäre dann ein typischer Fall, in dem Hypnose helfen kann.

Der Therapeut führt den Patienten bei einer Hypnose zu seiner „inneren Realität". Durch ein spezielles Verfahren (lesen Sie dazu später mehr) werden vor dem geistigen Auge des Patienten Bilder entwickelt, die den Schlüssel zum Unterbewußtsein offenbaren. Dort angekommen aktiviert der Hypnotiseur Gefühle, Erfahrungen und Erlebnisse, die schon lange verschüttet waren. Wie ein Techniker einen Kabelstrang in viele bunte Drähte zerlegen kann, so nimmt der Therapeut das Unterbewußtsein „auseinander". Dabei sortiert er krank ma-

Den Hypno-Therapeut kann man mit einem Techniker vergleichen, der einen Kabelstrang zerlegt, kaputte Drähte durchtrennt und neue Verbindungen herstellt.

Hypnose – helfende Therapie oder fauler Zauber?

chende oder belastende Erinnerungen aus, eröffnet neue Perspektiven und aktiviert die selbstheilenden Kräfte des Unterbewußtseins.

Durch die Hypnose ist eine einzigartige Möglichkeit gegeben, längst verschüttete Erfahrungen, die uns bis heute unbewußt belasten, endgültig aus dem Weg zu räumen.

Hypnose – Therapie für jedermann?

Der eigene Wille entscheidet über die Fähigkeit zur Hypnose. Wer nicht will, bei dem klappt es auch nicht.

Es wäre natürlich ein bißchen zu einfach, wenn man bei jeder Unstimmigkeit nur zum Hypnotiseur gehen müßte – und schon wäre die Seele wieder im Lot. Dafür weiß man – trotz verblüffender Erfolge – einfach noch zuwenig über das Zusammenspiel von Trance und Therapie. Es gibt nur Theorien, von denen manche logisch erscheinen, andere eher absurd.

Tatsache ist, daß nicht alle Menschen gleich gut hypnotisierbar sind. Bei den meisten ist diese besondere Fähigkeit mittelmäßig ausgeprägt, was für die normalen Hypnoseverfahren durchaus ausreicht. Frauen wie Männer haben die gleichen Hypnose-Fähigkeiten.

Wissenschaftler sammeln schon seit langem Hinweise, welche Eigenschaften ein Mensch haben muß, um für Hypnose empfänglich zu sein. Das Ergebnis bislang: Wer kreativ und phantasievoll ist, der ist leichter hypnotisierbar. Sehr rational denkende Menschen, die sich noch dazu innerlich gegen Hypnose sträuben, können kaum in Trance versetzt werden. Sie haben stets das Bedürfnis, alles unter Kontrolle zu behalten, und können selten so richtig genießen.

An der Uni Konstanz versucht man gar, Tests zu entwickeln, mit denen sich die Hypnotisierbarkeit überprüfen läßt.

▶ Beim Arm-Levitationstest sollen sich die Testpersonen vorstellen, daß ihr Arm wie von einem Ballon gezogen in die Höhe geht. Unwillkürlich werden leicht hypnotisierbare Menschen dieser Vorstellung folgen und den Arm heben.

▶ Beim Eye-Roll-Test sollen die Versuchspersonen den Augapfel nach oben drehen und dabei versuchen, die Augenlider zu schließen. Das Maß der Hypnose-Fähigkeit richtet sich danach, wie weit die Pupillen verschwinden.

Übrigens: Kinder sind wahre Trance-Künstler. So sagt man oft, „sie versinken im Spiel" – und dabei ist dieses Abtauchen in die Phantasiewelt nicht anderes als eine Form der Alltagstrance.

Fremdhypnose – Selbsthypnose: Mit diesen Verfahren wird gearbeitet

Unseriös, unheimlich vielleicht, aber auf alle Fälle undurchschaubar – mit diesen Attributen verbinden die meisten Menschen heutzutage noch die Hypnose. Schon der Hypnotiseur wirkt irgendwie geheimnisvoll: sein beschwörender Blick, seine theatralischen Gesten, seine gedämpfte Stimme. Automatisch kommt das Gefühl auf, daß er Macht besitzt und daß der Hypnotisierte in erste Linie willenloses Opfer ist.

Keines dieser Vorurteile trifft zu. Die Macht und der Einfluß des Hypnotiseurs entpuppen sich bei näherer Betrachtung als ziemlich mager, denn die seriösen Vertreter des Metiers kommen gänzlich ohne schwarzen Umhang, fixierenden Blick und zumeist auch ohne glänzendes Pendel aus.

Die meisten Menschen, die erstmals in Trance versetzt werden, erwarten eine Art Tiefschlaf. Aber das ist Hypnose nicht, sondern sie ist am ehesten mit dem Zustand kurz vor dem Einschlafen vergleichbar – ruhig und entspannt, aber noch voll aufnahmefähig.

Wie fühlt sich Hypnose an?

Wichtig ist, sich immer wieder vor Augen zu halten, das jede Hypnose auch eine Selbsthypnose ist – denn gegen den eigenen Willen fällt niemand in Trance. Der Hypnotiseur ist ein Reisebegleiter, der hilfreich zur Seite steht, wenn man den Weg nicht mehr weiß. Doch wie fühlt man sich in Trance? Zahlreiche Phänomene werden beobachtet:
▶ flatternde Augenlider
▶ mehr Tränenflüssigkeit
▶ ruhige, langsame Atmung
▶ angenehmes Kribbeln in Armen und Beinen
▶ besondere Leichtigkeit/Schwere
▶ Magengeräusche
▶ Gefühl, als ob Beine oder Arme nicht da seien

- Gefühl, sich nicht bewegen zu können
- verändertes Zeitempfinden.

Nach einer Hypnosesitzung fühlen sich die Menschen angenehm entspannt und ausgeruht.

Die wichtigsten Verfahren der Hypnose im Überblick

Um eine Trance einzuleiten, verwenden Hypnotiseure immer das gleiche Prinzip. Sie versuchen auf unterschiedliche Weise, den sogenannten Fatigus-Effekt (Ermüdungseffekt) zu erreichen. Die gängigen Verfahren dafür sind:

Entspannungssuggestion: Jeder kennt das „heile, heile Segen ..." aus den Kindertagen – und nichts anderes versucht der Hypnotiseur bei diesem Verfahren. Er schafft eine ruhige, angenehme Umgebung, spielt leise Musik und versucht so, den Betroffenen auf die Trance einzustimmen.

Konfusionsmethode: Milton Erickson entwickelte diese Methode der Verwirrung, um Betroffene in Trance zu schicken. Dabei werden immer wieder scheinbar sinnlose Sätze mit monotoner Stimme vorgetragen. Irgendwann ist der Betroffene dem Gerede überdrüssig, schließt die Augen und schaltet ab.

Augenfixation: Hier soll der Betroffene versuchen einen Punkt oder Gegenstand zu fixieren, ohne dabei mit den Augenlidern zu blinzeln. Dadurch wird die Augenbindehaut müde, und die Augen schließen sich. Die Augenfixation kann auch durch ein Pendel eingeleitet werden – der Effekt ist der gleiche.

Befindet sich der Mensch in Trance, wendet der Hypnotiseur unterschiedliche Hypnose-Verfahren an, je nachdem, welches Problem behandelt werden soll.

Suggestionstherapie: Dabei gibt der Hypnotiseur dem Menschen bestimmte Suggestionen an die Hand, die ihm helfen sollen, Verhaltens- und Reaktionsweisen zu ändern. Man muß sich das in etwa so vorstellen: Mit der Trance gelingt es dem Hypnotiseur, das Unterbewußtsein anzusprechen, während das kritische Bewußtsein „schläft". Ein Beispiel: Die Aussage „Ich brauche eine Zigarette, weil ich so gestreßt bin" wird ersetzt durch die

Suggestionstherapie wird unter anderem angewendet bei:
- Asthma
- Bettnässen
- Geburtshilfe
- Schmerzen
- Schlaflosigkeit
- Zähneknirschen
- Rauchentwöhnung
- sexuellen Problemen
- Geschwüren
- Gewichtsreduzierung

Hypnose – helfende Therapie oder fauler Zauber?

Aussage „Ich genieße es, kühle, saubere Luft einzuatmen. Das entspannt mich." Ähnlich wie bei einem Computer spielt der Hypnotiseur dem Betroffenen solche neue Merksätze auf die geistige Festplatte. Im besten Fall gelingt es dem Unterbewußtsein nach dem Auftauchen aus der Trance, diese positiven Verhaltensbilder mehr oder weniger ins wahre Leben zu übertragen. Das Suggestionsverfahren arbeitet mit Worten, aber auch mit bildhafter Vorstellung. So könnte die visualisierte Variante zum Thema Rauchen lauten „Sie können in sich hineinsehen und erkennen, wie ihre Lunge mit schwarzem Teer überzogen ist. Mit jedem Tag, an dem Sie nicht rauchen, sehen Sie mehr und mehr saubere, rosa Stellen."

Desensibilisierungstherapie: Sie funktioniert ähnlich wie das Suggestionsverfahren, jedoch arbeitet sie sich eher schrittweise voran. Desensibilisierung wird im wesentlichen bei Ängsten eingesetzt. Ein Beispiel: Angst vor engen Räumen. Dabei wird in den ersten Sitzungen nur auf Entspannung hin gearbeitet. Dann wird der Hypnotiseur versuchen, den Betroffenen Schritt für Schritt die Angst zu nehmen. Man schaut sich dabei in Trance das Objekt der Angst genauer an, geht hinein und wieder heraus. Zum Schluß bleibt man drin und schließt sogar die Tür. Irgendwann gelingt es dem Betroffenen, diese in Trance bewältigten Situationen auch in der Realität zu meistern.

Analytische Hypnotherapie: Bei der Hypnoanalyse versucht der Therapeut die oft tief im Unterbewußtsein verschütteten Erlebnisse auszugraben, die zu einem fatalen Verhaltens- oder Krankheitsmuster geführt haben. Dieses offenzulegen dauert ziemlich lange. Ist es jedoch einmal gefunden, wird diese „falsche" Information durch eine neue, gesündere ersetzt. Ein Beispiel: Eine junge Frau leidet unter mangelndem Selbstbewußtsein. In ihrer Vergangenheit findet der Hypnotiseur mehrere Ereignisse, die diesem Verhalten den Weg bereitet haben. Diese löst er nacheinander auf und korrigiert so das Selbstbild der jungen Frau.

Selbsthypnose – so funktioniert sie

Bei der Selbsthypnose übernehmen Sie selbst die Funktion des Hypnoti-

Einsatzgebiete für Desensibilisierung sind:
- Angst vor Tieren
- Angst vorm Alleinsein
- Höhenangst
- Angst vor Menschenmassen
- Angst vor Dunkelheit
- Angst vor Wasser
- Angst vor engen Räumen

Die analytische Hypnotherapie wird eingesetzt bei:
- Süchten
- Angst
- Asthma
- Depressionen
- Eßstörungen
- Phobien
- Panikattacken
- sexuellen Problemen

Hypnose – helfende Therapie oder fauler Zauber?

Einsatzgebiete der Selbsthypnose sind:
- Konzentrationsmängel
- Prüfungsangst
- Leistungssteigerung
- Nägelkauen
- Schmerzen
- Schlafstörungen
- Rauchentwöhnung
- Kopfschmerzen
- Abnehmen
- Streß

seurs und nutzen dadurch Ihren Einfluß auf das Unterbewußtsein, um bestimmte Gewohnheiten oder Verhaltensweisen zu ändern. Im einzelnen werden spezielle Suggestionen in den folgenden Kapiteln beschrieben. Hier zunächst ein Überblick, welche „Zutaten" zur Selbsthypnose gehören:

▶ Klare Ziele formulieren. Werden Sie zuerst darüber klar, was Sie erreichen wollen, und formulieren Sie möglichst konkret.

▶ Formulieren Sie einen Suggestionstext. Beschreiben Sie darin genau, was Sie wollen und wie Sie das Problem meistern werden.

▶ Wählen Sie positive Formulierungen. Also „Ich bin mutig" anstatt „Ich habe keine Angst" oder „Ich esse weniger" anstatt „Ich höre auf, zuviel zu essen." Und benutzen Sie viele positive Attribute: „schön", „wunderbar", „ausgezeichnet" und so weiter. „Ich bin total entspannt" klingt überzeugender als „Ich bin entspannt."

▶ Bleiben Sie in der Gegenwart. Also: „Ich bin mutig" anstatt „Ich werde mutiger sein" oder „Ich trage mein Referat selbstbewußt vor" anstatt „Ich werde mein Referat selbstbewußt vortragen."

▶ Wiederholen Sie die Suggestionen. Formulieren Sie das gleiche Ziel in verschiedenen Varianten, und tragen Sie es sich immer wieder vor.

Hypnose – helfende Therapie oder fauler Zauber?

Anleitung zur Selbsthypnose

1. Schritt: „Progressive Muskelentspannung"

- Machen Sie es sich im Sitzen oder Liegen bequem. Schließen Sie die Augen, und liegen Sie einen Moment still da.
- Im Gedanken gehen Sie die einzelnen Körperteile durch, und beurteilen Sie deren Lage. Wo sind meine Füße, wo liegen die Arme usw.
- Jetzt geben Sie sich selbst folgende Befehle: Ich bin ruhig und entspannt. Ich atme ruhig aus und ein, aus und ein. Beim nächsten Einatmen ballen Sie die rechte Hand zur Faust, ganz fest, noch fester. Beim nächsten Ausatmen lassen sie wieder los und fühlen, wie die Spannung weicht. Jetzt ist die linke Hand an der Reihe. So arbeiten Sie sich durch alle Körperteile.

2. Schritt: Rückwärts zählen.

- Zählen Sie von zehn bis null. Dabei steigen Sie im Gedanken eine Treppe hinunter. Unten angekommen, finden Sie eine verschlossene Tür, die Sie jetzt aufmachen.
- In dem Raum, den Sie jetzt betreten, steht eine bequeme Couch. Dort legen Sie sich hin und entspannen sich.
- Nun sprechen Sie Ihre Suggestionstexte.

3. Schritt: Rückholung

- Um aus der Trance zurückzukommen, müssen Sie nur den Raum wieder verlassen. Sie steigen die Treppe hinauf und zählen dabei von null bis zehn.
- Auf der obersten Stufe angekommen, öffnen Sie die Augen und sagen: „Ich bin hellwach."
Sie brauchen einige Übungsläufe, bis die Trance gelingt und Sie die Suggestionstexte sprechen können. Sie können die Texte auch auf Kassette sprechen und über einen Walkman abspielen.

Warnhinweis:
Machen Sie solche Übungen nie beim Autofahren oder während Sie Maschinen bedienen. Der Entspannungseffekt tritt oft unverhofft auf und kann zu Unfällen führen.

PROBLEME LÖSEN – BESSER LEBEN

Dieses Kapitel will Ihnen zeigen, daß Hypnose auf viele Probleme des Alltags eine Lösungsmöglichkeit parat hält. Manchmal haben Sie es selbst in der Hand, Schwierigkeiten durch Selbsthypnose zu begegnen; manchmal brauchen Sie dazu die Hilfe eines Therapeuten.

Keine Angst vor Ängsten

Angst ist einer der häufigsten psychischen Störungen, unter denen Menschen leiden. Ängste belasten die seelische Gesundheit, ja, noch mehr, sie können für die Betroffenen den Alltag zum Spießrutenlauf werden lassen.

Angst hat heute viele Gesichter:
- Akrophobie: Höhenangst
- Agoraphobie: Angst vor offenen Plätzen
- Aichmophobie: Angst vor spitzen, scharfen Gegenständen
- Klaustrophobie: Angst vor geschlossenen Räumen
- Menophobie: Angst vor dem Alleinsein
- Nytrophobie: Angst vor der Dunkelheit
- Ochlophobie: Angst vor Menschenmengen
- Pyrophobie: Angst vor Feuer
- Xenophobie: Angst vor Fremdem
- Zoophobie: Angst vor Tieren

Von diesen Ängsten können Erwachsene wie Kinder gleichermaßen betroffen sein. Eine gewisse Furcht vor manchen Dingen ist durchaus normal, erst wenn die Ängste den Alltag unerträglich machen, brauchen die Betroffenen Hilfe. Die Hypno-Therapie arbeitet in diesem Bereich mit verschiedenen Verfahren.

Folgen von Angst sind:
- physische Anspannung
- Reizbarkeit
- Konzentrationsmangel
- Schlafprobleme
- permanente Müdigkeit
- unregelmäßiger Atemrhythmus
- unregelmäßiger Puls
- niedrige Streßtoleranz
- Ruhelosigkeit

So hilft die Hypnose gegen Ängste

Die Wahl des Hypnoseverfahrens richtet sich im wesentlichen nach der Art der Angst. Am erfolgreichsten haben sich die Suggestionsmethode und das Desensibilisierungsverfahren erwiesen. Zunächst muß der Therapeut jedoch versuchen, die wahren Ursachen für die zumeist irrationalen Ängste herauszufinden. Dazu muß er seinen Patienten besser kennenlernen:

- In Gesprächen wird der Therapeut versuchen, mehr darüber zu erfahren, wann die Ängste auftreten und welche Umstände sie begleiten.
- Er wird versuchen, dem Patienten Vertrauen zu vermitteln und Verständnis für seine Ängste suggerieren.
- Gemeinsam mit dem Patienten muß der Therapeut herausfinden, was ihn stört und in welchen Situationen sich die Ängste bemerkbar machen.
- Außerdem muß er wissen, wie lange sich dieses Verhaltensmuster eingeprägt hat.

Bei vielen Ängsten handelt es sich um so schwer wiegende Störungen, daß diese ohne Hilfe eines Therapeuten nicht zu bewältigen sind. Hier muß ein Spezialist Zugang zum Unterbewußtsein finden, um dort fatale Reaktionsmuster auszuschalten. Allerdings können diese Vorgespräche auch zur Folge haben, daß man feststellt, daß die Angstzustände gar nicht so maßgeblich im Unterbewußtsein verankert sind. Dann genügt es oft schon, dem Betroffenen eine Entspannungs-Suggestion an die Hand zu geben, um ihn von den lästigen Gefühlen zu befreien.

Selbsthypnose zur Entspannung

Ängste und Panikattacken machen sich auch körperlich bemerkbar: Die Atemung geht schneller, die Hände zittern, der Puls rast, Schweiß bricht aus. Die Selbsthypnose zur Entspannung zielt darauf ab, sich von diesen überschießenden Reaktionen des Körpers zu distanzieren. Indem wir ihn sich selbst überlassen, uns nicht gedanklich hineinsteigern, kommt auch er zur Ruhe:

Sie sitzen oder liegen bequem. Spüren Sie nun das Gewicht Ihres Körpers, fühlen Sie der Schwere der Hände und Arme nach. Wie fühlen

---

Selbsthypnose zur Entspannung kann Angst vorbeugen und Panikattacken vermeiden. Zur Selbsthilfe eignet sich auch autogenes Training.

sich die Füße an? Versuchen Sie herauszufinden, welche Hand schwerer wiegt, welche fühlt sich leichter an. Beobachten Sie den Fluß Ihres Atems beim Ausatmen. Wohin fließt er? Stellen Sie sich vor, er könnte auch zum Teil über die Arme und Hände, ja sogar über die Fingerspitzen entweichen. Ihre Arme, Hände, Schultern werden immer schwerer. Geben Sie einen Teil dieser Last durch das Ausatmen wieder nach außen ab. Ihr ganzer Körper verwurzelt sich mit der Unterlage, dem Boden oder dem Stuhl. Jetzt kann der Geist auf Wanderschaft gehen. Suchen Sie einen Ort, an dem es Ihnen richtig gutgeht.

Nach einer Weile kehren Sie zurück, atmen neue Energie in die Gliedmaßen hinein – und sind hellwach.

So lassen sich Ängste lösen!

Ein paar Beispiele, wie man Ängste durch Hypnose therapieren kann:

- *Angst vor Einsamkeit zeichnet sich durch ein ausgeprägtes Bedürfnis nach Gemeinschaft aus. In der Hypnose lernt der Patient, zu seinen eigenen Interessen zu stehen. Die Angst wird er künftig als Feind betrachten, den es zu schlagen gilt.*
- *Angst vor Menschen kann abgebaut werden, wenn der Patient lernt, seine Befürchtungen zum Ausdruck zu bringen. Dadurch stellt er fest, wie unbegründet seine Befürchtungen sind. Das gelingt, wenn der Therapeut ihm neue Denkpläne an die Hand bzw. ins Unterbewußtsein mitgibt.*
- *Existenzangst plagt heute viele Menschen, sie denken nur an morgen und vergessen dabei das Heute. Der Therapeut hilft ihnen, dieses Gleichgewicht wiederzufinden – die Zukunft maßvoll zu bedenken, aber vor allem das Heute zu genießen.*
- *Streß ist Triebfeder und krank machende Überforderung zugleich. Der Therapeut wird versuchen herauszufinden, worin der Streß begründet ist. Er eröffnet dem Patienten dadurch die Möglichkeit, abzuschalten, sich gegen überhöhte Anforderungen zu wehren und nicht nur körperlich den Streß abzureagieren.*

Probleme lösen – besser leben

Denken Sie sich schlank!

Ursachen für Gewichtsprobleme:
- Leben, um zu essen, anstatt essen, um zu leben
- zwanghaftes Kalorienzählen
- permanente Diäten
- Essen als Trostpflaster
- Essen aus Wut
- Essen als Streß-Kompensation

Das wäre zu schön, um wahr zu sein. Man legt sich einfach auf die Couch des Therapeuten, und schon schmelzen die Pfunde dahin. Aber so einfach geht es nicht: Das schmackhafte Essen bleibt zwei Sekunden im Mund, zwei Stunden im Magen und zwei Jahre auf unseren Hüften. Auf diese – vielleicht etwas scherzhaft-übertriebene – Weise sammeln wir im Laufe der Zeit viel Überflüssiges an, was nicht nur den Körper, sondern auch auf Dauer die Seele belastet.

Überflüssige Pfunde, die sich durch eine normale Diät nicht bändigen lassen, oder die Unfähigkeit, eine Diät durchzuhalten, hat oft seelische Ursachen. Das heimliche Sahnetörtchen, die verschämte Portion Pommes mit Mayonnaise sind oft Ersatzbefriedigungen, um Streß, Frust oder andere Probleme zu übertünchen. Fettes und süßes Essen ist ein beliebter Seelentröster – vor allem bei Frauen – gegen die Widrigkeiten des Lebens.

Um es gleich vorweg zu sagen: Niemand nimmt unter Hypnose ab. Aber: Mit Hypnose geht das Abnehmen leichter und hat auch eher einen anhaltenden Erfolg.

Nimmt ein Therapeut ein solches Problem in die Hand, wird er zunächst versuchen, die Gründe für das maßlose Eßverhalten herauszufiltern. Dabei kann vieles zutage gefördert werden. Manchmal liegen die Ursachen in der Kindheit, manchmal ist das Essen eine Symptom für Überforderung und permanenten Streß.

Anders als beispielsweise bei der Rauchentwöhnung darf nicht das Ziel sein, ein Ekel gegenüber Nahrungsmitteln hervorzurufen. Denn Nahrung brauchen wir schließlich, um zu leben – das Rauchen dagegen nicht. Essen ist vielmehr eine Frage der physischen und emotionalen Ausgeglichenheit – und das ist auch der Ansatzpunkt für eine Therapie.

Ein Therapeut wird versuchen, die Gewichtsprobleme zunächst durch eine positive Beziehung zum eigenen Körper und zum eigenen Ich zu lösen. Er weckt den Sinn für Geschmack und Ästhetik des Essens.

Der Patient erlernt mit Hilfe des Therapeuten neue Denkformen, die sich im Alltag durch ein geändertes Eßverhalten bestätigen.

Selbsthypnose für eine bessere Figur

Sich selbst in diesem Sinn positiv zu beeinflussen ist gut möglich. Allerdings muß man zunächst einmal die Frage klären, wie schlecht die Figur wirklich ist. Leiden Sie definitiv an Übergewicht? Wie weit sind Sie vom Idealgewicht entfernt? Das gilt es zu prüfen. Setzen Sie sich ein realistisches Ziel: Wieviel wollen Sie abnehmen?

Jetzt formulieren Sie einen Suggestionstext: Ich bin jetzt bereit, die überflüssigen Pfunde loszulassen. Ich brauche sie nicht mehr, ich will sie nicht mehr haben. Ich lasse das Gewicht leicht und mühelos gehen. Mein Hungergefühl wird schwächer und schwächer. Es ist so, als ob mein Magen geschrumpft wäre und gar nicht mehr soviel Nahrung braucht. Mit jedem Tag fühle ich mich freier und leichter. Die Pfunde purzeln nacheinander dahin. Es ist ganz einfach! Ich esse weniger und bin zufrieden. Vollkommen zufrieden und satt. Absolut satt. Ich sehe mich schon vor dem Spiegel stehen und die Jeans anziehen (oder ein anderes Kleidungsstück), die so lange im Schrank hing. Jetzt paßt sie mir wie angegossen. Ich sehe gut aus, ich fühle mich wunderbar leicht und frei.

Entwerfen Sie mehrere dieser Texte mit gleichem Inhalt, wiederholen Sie sie mehrmals und setzen Sie sie bei der Selbsthypnose ein.

Solche Selbsthypnose-Sitzungen sollten natürlich durch ein maßvolles Diätprogramm begleitet werden.

Sex genießen – Lust gewinnen

Sexuelle Störungen vermindern die Lebensfreude. Ein genußvolles, erfülltes Sexualleben ist etwas ganz Natürliches, und doch ist es für viele Menschen mit Tabus belegt und wird schamvoll verschwiegen. In dieser Denkweise liegen die meisten Ursachen für sexuelle Störungen. Diese können sehr vielfältig sein und in allen Phasen der Sexualität auftreten.

Manche Menschen – Männer wie Frauen gleichermaßen – haben Probleme mit dem sexuellen Verlangen, sie empfinden nichts, haben einfach keine Lust auf den Partner. Andere wieder spüren zwar das Verlangen, können ihre Wünsche aber nicht verwirklichen, weil die Erre-

Planen Sie Ihr Abnehmen genau. Errechnen Sie Ihr Idealgewicht. Nehmen Sie sich nicht zuviel auf einmal vor. Arbeiten Sie sich kiloweise herunter.

Diese Symptome sprechen für sexuelle Probleme:
- wenig oder keine Lust auf Sex
- völlige Ablehnung von Sex
- Ekel vor Sex
- Unfähigkeit, einen Orgasmus zu bekommen
- Unfähigkeit des Mannes, eine Erektion bis zum Orgasmus zu halten
- vorzeitiger Samenerguß
- starke Muskelanspannung der Vagina, so daß der Geschlechtsverkehr schmerzhaft und unangenehm ist.

gung nicht anhält. In der Folge kommt es automatisch zu Schwierigkeiten beim Orgasmus.

Für sexuelle Probleme gibt es manchmal organische Ursachen, diese müssen natürlich ausgeschlossen werden. Danach muß ein Therapeut mit dem Patienten die Schwierigkeiten und die Umstände, die dazu geführt haben, erkunden. Darauf kann dann eine wirkungsvolle Hypnosetherapie aufgebaut werden.

Eine Selbsthypnose bei solchen Problemen ist nicht möglich. Man kann allerdings einen Teil der Arbeit alleine leisten, indem man sich über die möglichen Ursachen Gedanken macht. Streß und Hektik, Sorgen, Probleme und Streit mit dem Partner können beispielsweise sexuelle Störungen hervorrufen. Diese aus dem Weg zu räumen wäre eine Möglichkeit, die Probleme selbst zu lösen.

Doch zumeist ist es nicht ganz so einfach, weil die Ursachen tief im Unterbewußtsein begraben liegen und nur mit Hilfe eines geschulten Therapeuten zutage gefördert und aufgearbeitet werden können.

Selbstvertrauen gewinnen – Selbstwertgefühl steigern

Die Ursache vieler psychischen Probleme liegt in mangelndem Selbstbewußtsein. Das ist an sich nichts

---

So helfen Therapeuten bei sexuellen Schwierigkeiten

- *Der vorzeitige Samenerguß ist ein typisches Sexualproblem bei Männern. Der Patient steht dabei unter Leistungsdruck, ist häufig ein penibler und pflichtbewußter Mensch. Sex und Lust paßt nicht in sein Lebensschema. Der Therapeut wird versuchen, das Unterbewußtsein zugänglich für Lust zu machen, falsche Schuldgefühle abzubauen und das Selbstvertrauen zu stärken.*
- *Frigidität ist hingegen ein typisches Frauenproblem. Die Frau sagt dabei „nein" zu ihrem Körper. Der Therapeut wird versuchen, ein positives Körpergefühl zu wecken und mehr Selbstvertrauen aufzubauen. Die Blockaden der Lust im Unterbewußtsein müssen beseitigt werden.*

Probleme lösen – besser leben

Besonderes, kann aber weitreichende Konsequenzen haben beziehungsweise vielfältige Probleme nach sich ziehen.

Gründe für mangelndes Selbstvertrauen können sein:
- mangelnde Beachtung und Ermutigung durch die Eltern in der Kindheit
- negative Erfahrungen beim Versuch, sich zu behaupten
- Schuldgefühle
- Kritik und Ablehnung durch nahestehende Personen
- Verlassen werden von einem Elternteil.

In diesen Fällen kann der Hypnotiseur helfen. Er forscht im Erfahrungsschatz des Unterbewußtseins nach Ereignissen und Begebenheiten, die Ursache für das Problem sind. Negativ besetzte Verhaltensweisen werden durch positive Reaktionsmuster ersetzt.

Selbsthypnose bei mangelndem Selbstbewußtsein

Das eigene Selbstvertrauen läßt sich gut durch Autosuggestion beeinflussen. Formulieren Sie zunächst ein konkretes Ziel: In welcher Situation wollen Sie mehr Selbstbewußtsein zeigen? Womit möchten Sie besser fertig werden? Erstellen Sie nun einen Suggestionstext! Wenn Sie in beruflichen Besprechungen Ihre Position selbstbewußter vertreten möchten, könnte dieser Text folgendermaßen lauten:

„Wenn ich in die Besprechung gehe, bin ich ganz ruhig und entspannt. Ich kenne die Kollegen, und das macht mich sicher. Ich suche mir einen Platz und unterhalte mich locker und entspannt mit den Kollegen. Ich lehne mich im Stuhl zurück und höre aufmerksam zu, wenn die anderen etwas sagen. Ich bin gut vorbereitet und kann Wertvolles zum Gespräch beitragen. Ich finde stets den richtigen Moment, um meine Argumente ruhig und gelassen vorzutragen. Wenn ich spreche, bleibe ich gelassen und entspannt, mein Puls geht normal, ich spreche flüssig und unterstreiche meine Argumente mit ausdrucksvollen Gesten. Ich bin zufrieden mit mir selbst. Meine Beiträge zum Gespräch sind selbstbewußt und professionell vorgetragen. Wenn die Besprechung zu Ende ist, freue ich mich über die erfolgreiche Sitzung."

Diesen oder ähnliche Suggestionstexte bauen Sie in die Selbsthypnose-Anleitung ein und wiederholen diese mehrmals.

SCHMERZEN LINDERN – DEM KÖRPER HELFEN

Schmerzen müssen nicht unbedingt ihre Ursache in einer schweren Krankheit haben. Sie sind aber auf alle Fälle ein deutlicher Hinweis darauf, daß mit dem Körper oder der Seele etwas nicht stimmt. Schmerzen können durch vieles ausgelöst werden, durch Krankheit und Streß, durch psychische Probleme und durch Überforderung. Schmerzen machen die Menschen zumeist schweigsam. Zumindest hierzulande, wo wir es verlernt haben, Schmerzen Ausdruck zu verleihen. Wir weinen nicht, wir schreien nicht, wir leiden statt dessen stumm.

Daß das eine äußerst ungesunde Art und Weise ist, mit Schmerzen umzugehen, ist bekannt. Jede Form von Schmerz hat eine positive und eine negative Seite. Schmerz warnt uns vor Krankheiten und Gefahren. Und: Schmerz, wenn er zu lange andauert, kann aber auch die Lebensfreude nehmen.

Die meisten Menschen stehen Schmerzen hilflos gegenüber. Der Griff zur Schmerztablette ist schnell getan, mit den Ursachen, vor allem wenn sie psychisch bedingt sind, mag man sich nicht so gerne auseinandersetzen. Mediziner und Psychologen sind sich einig, daß Schmerz kein rein biologischer Vorgang ist. Besonders bei chronischen Schmerzen spielen erbliche Vorbelastung und Funktionstörungen des Nervensystems eine wesentliche Rolle. Aber auch psychische und soziale Probleme sind am Schmerz beteiligt.

Amerikanische Wissenschaftler fanden heraus, daß man durch das Bewußtsein Schmerzen steuern kann. Diese Beeinflussung ist aber

Was den Schmerz verstärkt:
- **Probleme am Arbeitsplatz**
- **Streit mit dem Partner/der Familie**
- **finanzielle Sorgen**
- **der Hang zu dramatisieren**

Schmerzen lindern – dem Körper helfen

> ### Wie entstehen Schmerzen?
>
> *Die Schmerzsignale werden vom Ort des Geschehens außerhalb des Nervensystems über die Nervenbahnen und das Rückenmark ins Gehirn geleitet. Der Weg dorthin ist von unterschiedlichen Schleusen unterbrochen, dort wird der Reiz auf verschiedene Schmerzebenen gehoben oder gesenkt. Diese Schleusen werden vom vegetativen Nervensystem gesteuert, sie sind mal weiter, mal enger eingestellt. Bei enger Einstellung gelangen nur wenige Schmerzreize bis ins Gehirn vor. Bei weiter Stellung wird das Gehirn von Schmerzsignalen regelrecht überflutet. Erst in der Großhirnrinde wird die Verbindung von Schmerz und Bewußtsein hergestellt.*

Die innere Verkrampfung führt zu körperlichen Reaktionen:
- die Muskeln verspannen sich
- der Atem wird flach oder stockend
- das Herz schlägt schnell und unregelmäßig
- Streßhormone werden ausgeschüttet

nur dann möglich, wenn andere Faktoren – wie beispielsweise Streß oder Probleme irgendwelcher Art – den Betroffenen nicht zusätzlich belasten.

Hypnose statt Medikamente

Viele Schmerzpatienten sind hervorragende Schauspieler. Sie verbergen ihre Ängste und Nöte vor anderen und berichten mit freudigem Lächeln über die schmerzhaftesten Erlebnisse.

Die Diskrepanz zwischen tatsächlicher Verfassung und dem Bild, das anderen Menschen vermittelt wird, führt zu einer großen inneren Anspannung. Die Folge ist, daß die Schmerzen intensiver empfunden oder nur schwer ertragen werden können.

Diese innere Anspannung gilt es in der Hypnose zu lösen. Den Schmerz loslassen und das bewußte Kontrollieren ausschalten, ist das Ziel von Hypnosebehandlungen gegen Schmerzen. Insofern behandelt der Hypnotiseur nicht die Ursache des Schmerzes an sich, sondern im wesentlichen seine verstärkenden Faktoren.

Es ist allerdings auch möglich, Schmerzen durch Hypnose ganz auszuschalten. Diese Verfahren werden im wesentlichen in der Zahnmedizin und der Gynäkologie, in erster Linie in der Geburtshilfe, eingesetzt.

Selbsthypnose gegen Schmerzen

Es gibt eine Reihe von Selbsthypnose-Verfahren gegen Schmerzen. An dieser Stelle finden Sie eine Atem-Hypnose-Übung, die Sie entspannen wird und dadurch leichtere Schmerzen mildert.

Legen Sie Ihre Hände auf den Bauch, und beobachten Sie, wie er sich hebt und senkt, während Sie atmen. Achten Sie einmal bewußt auf Ihren Atem. Beim nächsten Luftholen versuchen Sie, tief in den Bauch hinein zu atmen. Sie spüren, wie sich die Bauchdecke unter Ihren Händen hebt. Beim Ausatmen senkt sie sich wieder. Auf und nieder, hoch und runter. Beim Einatmen nehmen Sie das auf, was Sie am wichtigsten brauchen – Sauerstoff. Beim Ausatmen geben Sie das her, was Sie nicht mehr brauchen.

Nun zählen Sie, während Sie einatmen bis drei und während Sie ausatmen bis vier. Sie spüren förmlich, wie Sie durch längeres Ausatmen tiefer in den Stuhl gepreßt werden oder im Liegen gegen den Boden. Mit dem Ausatmen geben Sie immer mehr Anspannung nach außen ab. Immer mehr und mehr. Sie fühlen, wie die Anspannung den Körper verläßt und Sie ruhig und entspannt werden. Das tut Ihnen gut.

Versuchen Sie einmal, mit dem Ausatmen einen Ton zu verbinden. Zum Beispiel Oh-h-h- ..., am Ende des Ausatmens schließen Sie den Mund – so entsteht das Wort Om. „Om" ist ein typisches Meditationswort. Es bedeutet „Amen" und ist in der Meditation ein bekanntes Mantra. Mantras sind wohlklingende, beruhigende Wörter, die das Versinken in Meditation erleichtern. Spüren Sie so eine Weile Ihrem Atem nach. Sind Sie ganz ruhig und entspannt? Dann befinden Sie sich auf dem Weg zur Trance.

Migräne – Kopfschmerzen der besonderen Art

Rund fünf Millionen Deutsche leiden unter Migräneattacken. Dieser Kopfschmerz tritt anfallartig auf und ist normalen Spannungskopfschmerzen nicht vergleichbar. Migräneanfälle sind häufig von Übelkeit begleitet, die Betroffenen sind lichtempfindlich, es kommt dabei

Wer unter chronischen Schmerzen leidet, der muß sich von einem geschulten Hypno-Therapeuten behandeln lassen. Dieser wird den Patienten anleiten, Selbsthypnose gegen die Schmerzen richtig einzusetzen.

manchmal auch zu Sehstörungen oder anderen neurologischen Ausfällen.

In aller Regel wird Migräne mit Medikamenten behandelt, wobei die Wirkstoffe im wesentlichen auf die Symptome abzielen und Übelkeit und Schmerz unterdrücken.

Vielen Migränepatienten kann mit Hypnose geholfen werden, zumeist wird dabei die Suggestionsmethode angewendet. Im Laufe einer Hypno-Therapie gegen Migräne erlernen die Patienten auch Selbsthypnose-Techniken, die sie im Bedarfsfall einsetzen können.

Psychosomatik – wenn die Seele den Körper krank macht

Die Medizin unterscheidet zwischen organischen und seelischen Krankheiten. So, wie organische Erkrankungen langfristig auch die Seele beeinträchtigen, kommt es ebenso häufig vor, daß beispielsweise anhaltender Streß, Überforderung oder Probleme sich in organischen Krankheiten äußern. Man spricht dann von psychosomatischen Beschwerden.

Der Volksmund sagt, daß jeder Mensch seine persönliche, organische Schwachstelle hat. An diesem Punkt macht sich der seelische Druck zuerst bemerkbar. Die einen reagieren mit einem Bluthochdruck, die anderen mit juckenden Hautausschlägen, wieder andere mit quälendem Husten. Die Palette der psychosomatischen Erkrankungen ist breit gefächert.

Die Schulmedizin tut sich schwer, psychosomatisch bedingte Beschwerden zu lindern. Die Betroffenen sind nicht „krank im Geist", andererseits muß die seelische Ursache gefunden werden, um die Beschwerden zu heilen. Die Hypnose scheint dafür gut geeignet, denn sie setzt genau da an, wo die Schulmedizin nicht mehr weiterweiß.

Neurodermitis, Asthma und Bluthochdruck – drei typische Beispiele

Diese drei Erkrankungen haben klar umrissene Krankheitsbilder, deren Ursachen noch nicht alle geklärt sind – aber immer scheint auch die Psyche eine Rolle zu spielen.

Schmerzen lindern – dem Körper helfen

Bei Asthma bronchiale kann der Auslöser als eine Art Protest der Seele gegen die Umwelt bewertet werden. Die Mitmenschen schnüren dem Betroffenen sprichwörtlich die Luft ab. Der Hypnotiseur wird versuchen, dem Patienten neue Denkmuster per Suggestion mitzugeben, die langfristig sein Selbstbewußtsein und sein Vertrauen in andere Menschen stärken.

Menschen, die unter hohem Blutdruck leiden, sind zumeist schnell reizbar. Der Therapeut wird versuchen, die Reizschwelle des Unterbewußtseins (das über das vegetative Nervensystem auch den Blutdruck reguliert) zu senken. Das Ziel der Therapie ist mehr Geduld und Entspannung.

Die Haut ist das Spiegelbild der Seele, und deshalb ist es besonders häufig, daß die Haut reagiert, wenn die Seele in Not ist. Es gibt beispielsweise für die Neurodermitis viele medizinische Erklärungsmuster, der psychische Faktor spielt jedoch stets auch eine Rolle.

Der Therapeut wird versuchen, durch Suggestion oder Hypno-Analyse die Ursachen zu finden und die krankhaften Denkmuster auszuschalten.

Selbsthypnose bei psychosomatischen Erkrankungen?

Ohne fachliche Ableitung geht es in diesen Fällen nicht. Zwar kann die Hypnose in fast allen Fällen von psychosomatischen Erkrankungen helfen, aber der größte Teil der Arbeit muß durch einen erfahrenen Hypnotiseur geleistet werden.

Erleichterung bringen aber garantiert die Entspannungsverfahren zur Selbsthypnose, die schon mehrfach auf den letzten Seiten beschrieben wurden.

Hypnose – und der Schmerz geht

Häufig wird Hypnose schon sehr erfolgreich bei kleineren medizinischen Eingriffen eingesetzt. Es gab sogar schon Operationen ohne Betäubungsmittel, die nur durch den Einsatz von Hypnose durchzuführen waren. Der Grund war zumeist eine Unverträglichkeit gegen herkömmliche Narkosemittel.

Weit verbreitet ist bis heute allerdings der Einsatz von Hypnose in der Zahnmedizin, und auch in der

Die Zahnärzte können die Hypnoseverfahren durch Kurse bei der Berufsvereinigung erlernen. In Schweden bieten rund 50 Prozent der Zahnärzte diesen Service an, in den USA sind es etwa ein Drittel.

Schmerzen lindern – dem Körper helfen

Hypnose in der Geburtshilfe hat viele Vorteile:
- **Schmerzen und Ängste werden beseitigt**
- **keine Allergie auf Medikamente**
- **keine negativen Auswirkungen auf die Wehentätigkeit**
- **weniger Blutverlust**
- **weniger Dammschnitte**

Geburtshilfe gibt es schon erstaunliche Erfolge.

In Deutschland gibt es rund 200 Zahnärzte, die solche Hypnose-Verfahren anbieten. Dabei wird zumeist die Suggestionsmethode angewendet. Vor Beginn der Behandlung suggeriert der Zahnarzt dem Patienten, daß sein Mund ganz kalt ist. Dadurch wird dieser weniger durchblutet, und selbst beim Zähneziehen fließt kaum Blut.

Bei der Zahnarzt-Hypnose werden Patienten häufig gebeten, einen Arm anzuwinkeln. Solange der Arm oben bleibt, kann der Zahnarzt sicher sein, daß sich sein Patient in Trance befindet.

Die Geburtsschmerzen sind übermächtig und können von vielen Frauen nur deshalb so schwer verkraftet werden, weil sie bereits mit einer negativen Erwartungshaltung in die Wehen hineingehen. Dadurch sind sie natürlich verspannt und die Schmerzen entsprechend unerträglich.

In den fünfziger Jahren beschäftigte sich Lamaze erstmals mit der schmerzfreien Geburt. So wie wenige Jahre später sein amerikanischer Kollegen Read, setzte auch Lamaze hypnotische Elemente bei diesen Geburtsmethoden ein. Durch spezielle Atemübungen wird die Muskulatur gelockert, das vegetative Nervensystem beruhigt und die Aufmerksamkeit der werdenden Mutter auf etwas anderes gelenkt. Unterstützt wird dies durch besondere Entspannungstechniken in den Wehenpausen. In der Geburtshilfe wird darüber hinaus mit direkter und indirekter Suggestion gearbeitet. Dadurch wird die Schwangere vom Geburtsvorgang abgelenkt.

Selbsthypnose gegen Schmerzen

Bei der Zahnbehandlung übernimmt der Zahnarzt die Rolle des Hypnotiseurs; bei der Geburt wird Selbsthypnose und Fremdhypnose eingesetzt, so wie es das Programm von Lamaze bzw. Read vorsieht.

Es gibt aber auch eine Selbsthypnose gegen Schmerzen, die sogenannte Levitation.

Nehmen Sie eine bequeme Position ein, entweder im Sitzen oder im Liegen. Machen Sie zunächst ein paar tiefe Atemzüge zur Beruhigung. Legen Sie die Hände – jede Hand einzeln auf der Stuhllehne, auf dem Boden oder den Knien ab.

Schmerzen lindern – dem Körper helfen

Fixieren Sie mit den Augen einen Punkt. Dieser sollte so gewählt sein, daß Sie auch beide Hände beobachten können.

Nun kippen Sie beide Handgelenke, fühlen Sie nach, bei welchem Gelenk es Ihnen leichter fällt. Jetzt machen Sie das gleiche mit dem Unterarm (aus dem Ellbogengelenk heraus), und danach versuchen Sie den ganzen Arm (aus dem Schultergelenk heraus) anzuheben.

Eine Levitation kann nur mit der Hand, mit dem Unterarm oder dem ganzen Arm erfolgen. Durch das Überprüfen aller Gelenke finden Sie heraus, welche Variante Ihnen am leichtesten fällt.

Legen Sie nun die Hand mit der Innenfläche nach unten auf die Unterlage, diese sollte nun nur mit den Fingerspitzen berührt werden, die Handinnenseite ist hohl, so als ob ein Tennisball in Ihrer Hand läge.

Pressen Sie die Fingerspitzen nun gegen die Unterlage, und zählen Sie langsam bis drei. Dann abrupt loslassen – dabei wird sich die Hand automatisch anheben.

Wenn die Hand bald schon auf die Unterlagen absinkt, spüren Sie trotzdem ein leichtes Kribbeln oder Taubheitsgefühl in ihr. Dieses breitet sich immer weiter aus, auf die Fingerspitzen, das Handgelenk, den Arm. Das Gefühl können Sie verstärken, indem Sie beim Einatmen den Oberkörper leicht anheben. Stellen Sie sich vor, unter Ihrer Hand befände sich ein Luftballon, mit jedem Ausatmen wird er weiter aufgepumpt. Bei jedem Ausatmen hebt er sich, beim Einatmen senkt er sich. Irgendwann ist er jedoch so aufgepumpt, daß sich die Hand nur noch hebt und nicht mehr senkt.

Wenn es Ihnen gelingt, diese Levitation und das damit verbundene Taubheitsgefühl zuverlässig herbeizuführen, können Sie diese Selbsthypnose zur Schmerzbewältigung einsetzen. Legen Sie dann die „taube" Hand auf die Stelle des Körpers, von der der Schmerz ausgeht. Das können Sie beispielsweise beim Zahnarzt machen, das Taubheitsgefühl überträgt sich dann von der Hand auf die schmerzende Stelle.

Stellen Sie sich vor, an Ihren Fingern wären Luftballons befestigt, die die Hand immer weiter nach oben tragen – das wäre zur Levitation ein anderes Gedankenbild. Wählen Sie eine Vorstellung, die Ihnen am angenehmsten ist.

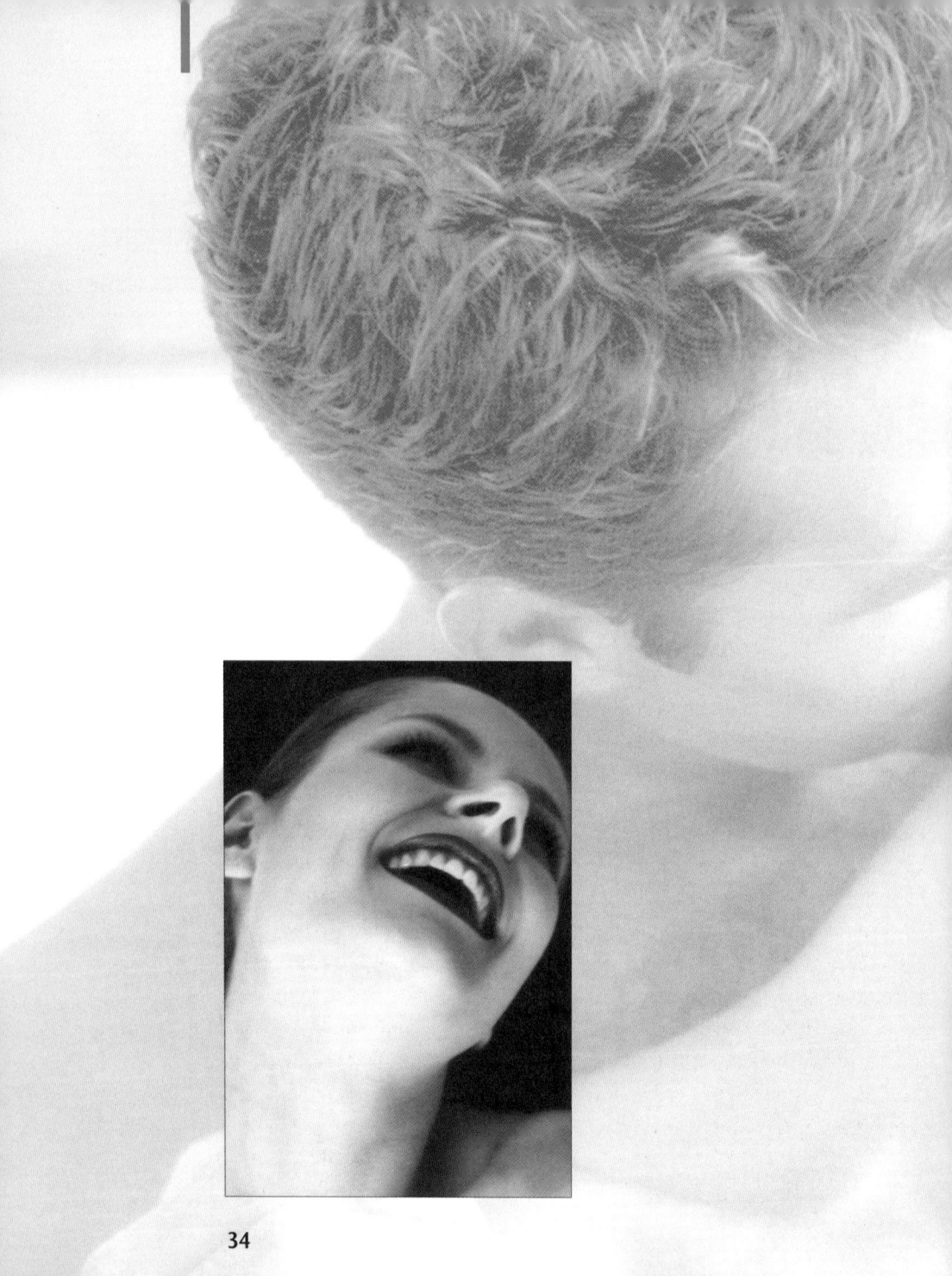

SÜCHTE BEWÄLTIGEN – GENIESSEN LERNEN

Jeder zweite Raucher würde gerne aufhören. Die meisten haben schon mehrere gescheiterte Versuche hinter sich. Mancher hält es monatelang ohne Glimmstengel aus, doch eines Tages, zumiest aus nichtigem Anlaß greift er wieder zur Zigarette. Es gelingt ihm nicht, der Versuchung zu widerstehen.

Die Rauchentwöhnung ist eines der klassischen Einsatzgebiete der Hypnose. Gerade hier zeigt sie auch überdurchschnittliche Erfolge.

Alkohol wird zum Problem, immer mehr Menschen sind abhängig, rund 50 000 sterben allein in der Bundesrepublik an dieser Droge. Die Gründe für Alkoholismus sind unterschiedlich: Soziale Probleme, Streß im Beruf, Schwierigkeiten in der Partnerschaft, Arbeitslosigkeit, Einsamkeit, Angst und Unsicherheit sind die häufigsten.

Bei Alkoholproblemen wie auch bei massiven Eßstörungen kann Hypnose oft helfen.

Suchtpotential „Nikotin"

Im Tabakrauch stecken durchschnittlich fünftausend unterschiedliche Bestandteile. Die drei wichtigsten Gifte sind dabei Nikotin, Kohlenmonoxyd und Benzpyren. Nach dem Inhalieren braucht das Nikotin gerade mal sieben Sekunden, um ins Gehirn zu gelangen. Dort steigert es die Adrenalinsekretion. Die Menschen reagieren darauf sehr unterschiedlich: Die einen werden dadurch hellwach und sind hochkonzentriert. Auf andere wiederum wirkt es beruhigend und löst Ängste auf. Insofern ist Nikotin auch eine sehr flexible Droge, denn es gibt dem Menschen immer genau das, was er in diesem Moment glaubt zu brauchen – erhöhte Leistungsfähigkeit oder Entspannung. Nikotin ist also je nach Situation ein Beruhigungs- oder ein Aufputschmittel.

Durch dieses vielseitige Wirkungsspektrum entwickeln sich auch eine Reihe unterschiedlicher Abhängigkeiten. Die einen greifen zur Zigarette, wenn sie einen Telefonhörer in die Hand nehmen; die anderen, wenn sie die Mahlzeit beendet haben. Sie vertreiben sich damit die Langeweile, besiegen Nervosität, lindern Angst, belohnen sich für große Anstrengungen, trösten sich bei Mißerfolg.

Dadurch wird deutlich, daß Zigaretten mehr sind als eine Droge – für manche sind sie auch eine psychologische Krücke gegen die Unwegsamkeiten des Alltags.

Das macht einerseits die Suchtentwöhnung schwierig, andererseits die Hypnose leicht, denn es bieten sich vielfältige Ansatzpunkte für die Therapie.

Der körperliche Entzug

Bevor der Therapeut mit der Hypnose beginnen wird, muß der Patient den Körper entgiften. Das ist meistens in fünf Tagen geschafft. Häufig werden dabei Nikotinpflaster eingesetzt, die die überschießenden Entzugssymptome mildern. Am ersten Tag ohne Zigarette muß der Ex-Raucher mindestens vier Liter Flüssigkeit trinken, um die verbleibenden Gifte aus dem Körper zu schwemmen.

Das Nikotin hat jahrelang den Stoffwechsel des Körpers beeinflußt, der Entzug äußerst sich deshalb in Eßattacken, vor allem in einer Vorliebe für Süßes. Um eine radikale Gewichtszunahme zu verhindern, die mit einem Nikotinentzug häufig einhergeht, werden deshalb gymnastische Übungen, Schwitzprogramme in der Sauna und ähnliches verordnet.

Nikotinentzug – da muß man durch

Begibt man sich für die Rauchentwöhnung zu einem Hypnotiseur, so wird dieser zunächst durch lange

Gespräche und viele Fragen herausfinden, wie stark der Patient nikotinabhängig ist. Dabei ist die Anzahl der täglich gerauchten Zigaretten weniger entscheidend als die Intensität der Inhalation. Nur sieben inhalierte Zigaretten am Tag können auf eine ebenso hohe Abhängigkeit schließen lassen wie zwanzig hastig gepaffte Glimmstengel.

In einem nächsten Therapieschritt wird sich der Therapeut über die Rauchgewohnheiten informieren: Wann, wie oft und bei welchen Gelegenheiten ist das Bedürfnis nach einer Zigarette besonders drängend. Welche Automatismen (beispielsweise Telefonhörer abheben und Zigarette anzünden) sich entwickelt haben.

Als letzter Punkt muß geklärt werden, ob der Patient einen ausreichenden Willen mitbringt, dem Nikotin endgültig zu entsagen. Dabei ist besonders bemerkenswert, daß die meisten Raucher nur negativ Argumente anführen können und dem Nichtraucherdasein so rein gar nichts Positives abgewinnen können.

Formeln der Suggestion gegen das Rauchen:
- Zigaretten sind Gift für meinen Körper.
- Ich brauche meinen Körper zum Leben.
- Mein Körper ist das Wertvollste, was ich auf der Welt habe.
- Ich schulde ihm Achtung und Fürsorge.
- Ich bin Nichtraucher, ich bin Nichtraucher.

Klassischer Verlauf einer Rauchentwöhnung durch einen Hypnotiseur

- *Bei der ersten Hypnose wird zumeist mit positiver Suggestion gearbeitet. Der Therapeut schickt seinen Patienten in Trance beispielsweise auf einen Waldspaziergang oder zu einem Strandlauf, bei dem er die Natur erlebt und den belebenden Sauerstoff als wohltuend und heilsam empfindet.*
- *Bei einer weiteren Sitzung wird er es nun mit einer Aversions-Suggestion versuchen. Darin fordert er den Patienten auf, sich seine Lunge und seine Atmungsorgane einmal von innen zu betrachten. Er soll sich zum Beispiel ein Bild machen von dem schwarzen Teer in den Lungen oder von den verklebten Lungenbläschen und so weiter.*
- *Bei den folgenden Sitzungen wird eine positive Suggestion durchgeführt. Dabei geht es darum, das Selbstvertrauen und die Willensstärke des Rauchers aufzubauen. Es wird betont, daß man nicht abhängig von irgend etwas sein muß, sondern frei und unabhängig seine Entscheidungen treffen kann.*

Nach Klärung dieser Rahmenbedingungen wird der Therapeut versuchen, den Patienten durch Entspannungsübungen hypnosefähig zu machen.

Selbsthypnose gegen das Rauchen

Es gibt verschiedene Ansätze, nach denen sich Raucher selbst beeinflussen können. Man kann es mit einer einfachen Suggestion versuchen, etwas mit Sätzen wie „Ohne Rauch geht es auch", die man gebetsmühlenartig wiederholt, bis das Bedürfnis nach der Zigarette nachläßt. Auch allgemeine Entspannungsübungen und Atem-Suggestionen helfen über die anfänglichen Entzugsprobleme hinweg. Darüber hinaus gibt es beispielsweise die Methode von Johnson & Johnson. Folgendermaßen soll man dabei vorgehen:

▸ Nehmen Sie eine bequeme Position ein.
▸ Atmen Sie tief ein, halten Sie den Atem an und suchen Sie sich einen Fixpunkt, der über Ihnen liegt. Schauen Sie nach oben.
▸ Halten Sie die Augen in dieser Position, und schließen Sie die Lider langsam. Atmen Sie dabei aus, und entspannen Sie sich.
▸ Sprechen Sie die folgenden Suggestionen im Gedanken mehrmals nach:
1. „Tabak ist Gift für meinen Körper."
2. „Ich brauche zum Leben einen gesunden Körper."
3. „Ich schulde meinem Körper Achtung und Fürsorge."
▸ Öffnen Sie die Augen wieder, wenn Sie sich ausgeruht und wohl fühlen.

Ein anderes Verfahren der Selbsthypnose gegen das Rauchen entwickelte David Spiegel:
▸ Atmen Sie tief ein.
▸ Schauen Sie in die Luft, so hoch wie möglich.

Die Chancen stehen gut

Rund 60 Prozent der Raucher, die sich einer Hypnose unterzogen haben, gaben das Rauchen ganz auf. 90 Prozent rauchten immerhin deutlich weniger als vor der Behandlung.

- Richten Sie Ihren Blick (mit den Pupillen) nach oben, und schließen Sie die Augen.
- Lassen Sie sich beim Ausatmen in einen tiefen Entspannungszustand gleiten.
- Jetzt formulieren Sie Suggestionssätze, so ähnlich wie beim Johnson-&-Johnson-Verfahren.

Sie können die gleichen Formulierungen verwenden oder eigene Leitsätze entwickeln.

Alkohol – Verführung im Rausch

Die Chancen, aus einem echten Alkoholiker wieder einen gesunden Menschen zu machen, stehen nicht besonders gut. Die Entgiftung ist schwierig und die Rückfallquote hoch. Hypnose kann den Entzug hilfreich unterstützen, allerdings braucht der Therapeut die Unterstützung des Betroffenen. Fehlt sein Wille, der Droge zu entsagen, ist der Hypnotiseur machtlos.

Oder positiv ausgedrückt: Besitzt der Alkoholiker den ernsthaften Wunsch, sich von seiner Sucht zu befreien, kann der Hypnotiseur ihm durchaus dabei helfen. Hypnose-Experten definieren Alkoholismus als Verlust der Freiheit, auf den Alkohol verzichten zu können. So betrachtet rückt die Abhängigkeit in den Mittelpunkt und macht dadurch den Alkoholismus zu einer Persönlichkeitsstörung.

Die übliche Hypnose-Einleitung durch Entspannung fällt den Alkoholabhängigen besonders schwer. Der Therapeut wird zumeist mit bildhafter Suggestion arbeiten. Allerdings sind Menschen, die ein Alkoholproblem haben, generell leicht hypnotisierbar. Die Therapie baut auf dem Aversionsverfahren auf, das bedeutet, dem Patienten eine Abneigung gegen Alkoholika zu implizieren.

Die Hypnose bei Alkoholproblemen beschäftigt sich nicht mit den Ursachen für die Sucht, sondern baut darauf auf, daß der Alkohol dem Betroffenen jegliche Entscheidungsfreiheit nimmt. Diese mangelnde Souveränität, im Fachjargon „passive Abhängigkeit" genannt, wird therapiert.

Im Do-it-yourself-Verfahren läßt sich Alkoholismus nicht therapieren. Nur ein Hypno-Therapeut besitzt die fachliche Kompetenz, hier ein erfolgreiches Verfahren auszuwählen und für den Betroffenen individuell anzupassen.

Bulimie und Magersucht – Seele im Hungerstreik

Deutliches Zeichen für Magersucht: Die Menstruation bleibt aus.

Daß so mancher mit seinem Körper nicht zufrieden ist, ist eine Sache. Massive Eßstörungen sind eine ganz andere.

Man schätzt, daß rund ein Prozent aller Jugendlichen unter Magersucht leidet. Von den Betroffenen sterben jährlich zehn bis 15 Prozent an den Folgen ihrer Sucht. Sie verhungern.

Von der Magersucht sind überwiegend junge Mädchen und Frauen betroffen, die sich trotz Idealfigur noch als zu dick empfinden, obwohl sie schon klapperdürr sind. Magersucht ist immer ein Hilfeschrei der Seele. Im wesentlichen dreht es sich darum, daß junge Mädchen nicht zur Frau heranreifen wollen. In einigen Fällen liegt die Ursache dafür in sexuellem Mißbrauch oder in Mißhandlung. Manchmal wurden die Betroffenen auch in der Kindheit zum Essen gezwungen.

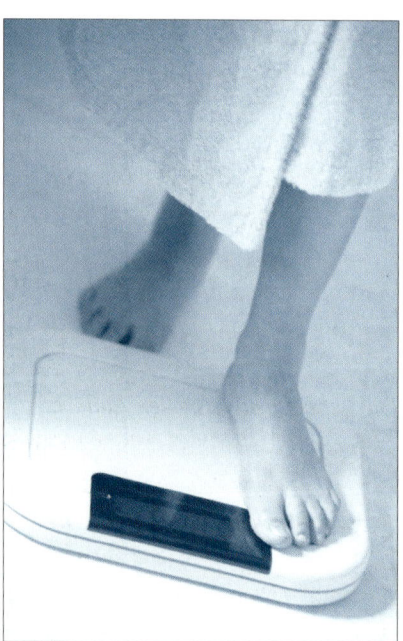

Wie Hypnose gegen Magersucht helfen kann

Bei der Magersucht gibt das Unterbewußtsein den Befehl „Du darfst nicht essen, weil du nicht zu dick werden willst." Dagegen kommt das Bewußtsein mit der Forderung „Du mußt essen, um gesund zu bleiben" nicht an. Die Essensverweigerung wird durch fatale Erinnerungen und gespeicherte Kränkungen unterstützt und schnürt den Betroffenen im wahrsten Sinne des Wortes den Hals zu. Der Therapeut wird nun versuchen, die Erinnerungen zu korrigieren, ihnen ihre Wichtigkeit zu nehmen.

Die Anorexia nervosa (Pubertätsmagersucht) kann aber auch durch Konflikte ausgelöst werden. Dann gilt es für den Therapeuten, diese Konflikte zu verbalisieren und auf diese Weise den Betroffenen eine andere Konfliktlösungsstrategie an die Hand zu geben. Eines muß jedoch an diesem Punkt deutlich gemacht werden: Magersucht ist eine ernstzunehmende Krankheit, die zum Tode führen kann. Die Hypnose, die in diesen Fällen Hilfe bringen soll, muß immer unbedingt ein Fachmann übernehmen.

Bulimie – das bedeutet essen bis zum Verhungern

Im Volksmund spricht man von der Eß-Brech-Sucht. Das prominenteste Opfer dieser Eßstörung war Prinzessin Diana. Während die Mediziner die Bulimie zumeist als übertriebenes Streben nach der Idealfigur ansehen, sprechen Psychotherapeuten lieber von einer massiven, unbewußten Protestaktion des Menschen auf seine Umwelt. Die Diskrepanz zwischen Essen als Synonym für Wärme, Nähe, Trost und dem Erbrechen als Synonym für Ekel und Abscheu ist hier besonders kraß. Um Bulimiepatienten zu helfen und erfolgreich behandeln zu können, wird der Therapeut zuerst

---

Was ist Adipositas?

Adipositas ist quasi das Gegenteil von Magersucht, nämlich Fettsucht. Auch diese Eßstörung hat seelische Ursachen. Die Betroffenen versuchen Aufmerksamkeit und Zuwendung – auch über dieses Negativ-Bild – zu erreichen. Der Therapeut wird Fettsüchtigen eine positive Beziehung zum eigenen Körper und zum eigenen Ich suggerieren. Dabei spricht er die Sinne an: Geschmack, Ästhetik usw. Der Patient erlernt während der Therapie neue Denkformen, die bislang falsch besetzt waren.

die wichtige Frage klären müssen: „Was in Ihrem Leben ist denn so zum Kotzen?"

Diese derbe Fragestellung führt aber gleich zum Kern der Sache, und – wie das so oft ist – einmal ausgesprochen, wird der Sachverhalt gleich leichter, die Konflikte erscheinen lösbarer und die Probleme bewältigbar.

Bulimie gedeiht meistens im verborgenen

Die markanteste Gemeinsamkeit in allen Bulimiefällen besteht darin, daß sie im verborgenen beginnt und auch lange von der Umwelt unentdeckt bleibt. Der Betroffene ißt normal, hat manchmal Freßattacken, die jedoch zumeist im verborgenen ablaufen. Trotz des übermäßigen Genusses behält er seine Figur, weil er das Essen ja wieder erbricht – was wiederum niemand mitbekommt.

Trotzdem gibt es verschiedene Symptome, die auf eine Eß-Brech-Sucht hinweisen:

▶ Die Betroffenen essen oft größere Mengen.

▶ Sie nehmen Nahrung gern alleine zu sich und bevorzugen kalorienreiches.

▶ Sie essen hastig.

▶ Nach der Freßorgie haben sie Magenschmerzen, wollen schlafen und führen manchmal das Erbrechen selbst herbei.

▶ Sie versuchen stets abzunehmen, verwenden auch häufig Abführmittel.

▶ Das Gewicht ist starken Schwankungen unterworfen.

▶ Die Betroffenen wissen von ihrem Problem und haben Angst, daß es andere erfahren.

▶ Nach einem Eßanfall kommt es häufig zu Depressionen.

▶ An Bulimie erkrankt ist der, der mindestens zwei Eßanfälle in der Woche hat und das bereits seit mindestens drei Monaten.

Wie Hypnose gegen Bulimie helfen kann

Die Hypnose kann bei Eßstörungen sehr hilfreich sein. Die Verfahren, die angewendet werden, sind sehr unterschiedlich. Sie hängen ab vom speziellen Fall und sicherlich auch vom Therapeuten. Möglich ist beispielsweise folgender Ablauf:

1. Phase der Therapie: Die Verhaltensänderungen, die zur Heilung der Bulimie notwendig sind, müssen sorgsam vorbereitet sein. So kann der Therapeut versuchen, mit dem Patienten ein Abkommen zu erreichen. Die Ziele sind:
- den Teufelskreis zu durchbrechen, indem die Patienten ein Eß-Tagebuch führen,
- zu lernen, langsam zu essen
- und das Gefühl des Sattseins zurückzugewinnen. Dadurch haben die Betroffenen wieder eine gewisse Kontrolle über ihr Eßverhalten.

2. Phase der Therapie: Hier geht es darum, die Auslöser der Bulimie zu erforschen. Dabei wird der Therapeut mit der Hypno-Analyse arbeiten.

3. Phase der Therapie: In der dritte und letzten Phase geht es darum, neuerlerntes Eßverhalten zu stabilisieren und gleichzeitig durch Suggestion zu festigen.

Zu einer Selbsthypnose sind Bulimiepatienten nicht in der Lage.

WICHTIGE ZUTATEN FÜR DIE SELBSTHYPNOSE

In diesem abschließenden Kapitel finden Sie die wichtigsten „Zutaten", die es Ihnen erleichtern können, selbst eine Trance herbeizuführen.

Progressive Muskelentspannung

Diese ist vor jeder Selbsthypnose sinnvoll, denn sie entspannt den ganzen Körper. Sie brauchen dafür anfänglich zirka 30 Minuten Zeit und sollten sich anschließend nach Möglichkeit ausruhen.

Lassen Sie sich den folgenden Text von einem Partner vorlesen, oder sprechen Sie ihn auf Band und hören Sie ihn dann ab. Ein Walkman mit Kopfhörer ist dafür gut geeignet.

▶ Legen Sie sich jetzt ausgestreckt auf den Rücken, und schließen Sie Ihre Augen. Sie konzentrieren sich jetzt voll und ganz auf die folgenden Anweisungen und führen Sie aus.
▶ Sie sind ganz ruhig und entspannt.
▶ Atmen Sie ganz ruhig ein und aus, ein und aus.
▶ Beim nächsten Einatmen ballen Sie die rechte Hand zur Faust. Ganz fest! Noch fester! Ja, so ist es gut!
▶ Nun atmen Sie kraftvoll aus und entspannen sich wieder. Lassen Sie die Hand ganz locker fallen und fühlen Sie, wie die Spannung langsam entweicht.
▶ Atmen Sie wieder ein und aus.
▶ Beim nächsten Einatmen ballen

Wichtige Zutaten für die Selbsthypnose

Sie Ihre linke Hand zur Faust. Ganz fest! Noch fester! Ja, so ist es gut!
- Und jetzt entspannen Sie sich wieder und atmen aus. Lassen Sie die Hand ganz locker fallen, und fühlen Sie, wie die Spannung langsam entweicht.
- Atmen Sie ein und aus.
- Jetzt wieder einatmen und dabei beide Hände zur Faust ballen. Pressen Sie die Finger ganz fest zusammen. Noch ein bißchen fester! Ja, so ist es gut!
- Nun atmen Sie aus, und entspannen sich wieder, lassen Sie die Hände locker fallen und fühlen Sie, wie die Spannung langsam entweicht. Atmen Sie ganz ruhig ein und aus, ein und aus.
- Fühlen Sie den Unterschied. Sie sind ganz ruhig und entspannt.
- Und nun atmen Sie wieder ein und spannen das rechte Bein und den rechten Fuß an. Ganz fest! Noch fester anspannen! Gut so!
- Atmen Sie kraftvoll aus, und entspannen Sie sich. Lassen Sie das Bein locker fallen, und fühlen Sie, wie die Spannung langsam entweicht.
- Atmen Sie ganz ruhig ein und aus, ein und aus.

- Beim nächsten Einatmen spannen Sie das linke Bein und den linken Fuß an. Ganz fest anspannen! Das ist gut so!
- Nun atmen Sie wieder aus und lassen das Bein wieder locker fallen. Spüren Sie, wie die Spannung entweicht?
- Wieder ganz ruhig ein- und ausatmen. Und nochmal.
- Atmen Sie nun ein, und spannen Sie beide Beine und Füße an. Ganz fest, so fest es geht!
- Atmen Sie aus, und lassen Sie die Beine wieder locker. Fühlen Sie, wie die Spannung aus den Beinen entweicht. Ist das nicht angenehm?
- Sie atmen wieder ruhig ein und aus, sind ganz entspannt und locker.
- Beim nächsten Einatmen ballen Sie nochmal beide Hände zur Faust zusammen und spannen gleichzeitig auch die Beine an. Strecken Sie die Beine dabei nach vorn, heben Sie sie an, beißen Sie ruhig die Zähne dabei zusammen und halten Sie diese Spannung einige Sekunden.
- Und jetzt atmen Sie hörbar aus und entspannen sich wieder. Lassen Sie Arme und Beine locker fal-

Wichtige Zutaten für die Selbsthypnose

len. Spüren Sie der Spannung nach, wie sie aus ihren Fingerspitzen entweicht, aus den Armen, den Schultern, aus dem Gesicht. Genauso wie aus den Füßen, den Unterschenkeln, den Oberschenkeln und aus Ihrem ganzen Körper. Atmen Sie nun ruhig und gleichmäßig.

▸ Und jetzt sind Sie ganz ruhig und entspannt.
▸ Ihr Körper fühlt sich warm an und ist schwer, angenehm schwer. Ein wohliges Gefühl umgibt Sie, das Sie überall spüren können. Ihre Atmung geht ruhig und leicht. Wenn Sie jetzt aus der Entspannung zurückkehren, ballen Sie Ihre Hände zur Faust und zählen Sie von fünf rückwärts bis null. Öffnen Sie nun die Augen, und richten Sie sich langsam auf. Jetzt ist es Zeit, sich auszuruhen.

Wenn Sie diese Übung einige Male geübt haben, ist sie die ideale Vorbereitung zur Selbsthypnose.

Relaxation Response

Auch gut zur Entspannung vor der Selbsthypnose ist die „Relaxation Response" von Benson:

Die Vorbereitung:

Die Aufmerksamkeit richtet sich auf einen Gedanken, einen Ton, ein Bild oder einfach auf den eigenen Atem. Dies ist der geistige Fokus, dem es gelingt, die Flut der Alltagsgedanken zu stoppen und den Kopf zu leeren. Sie brauchen Ruhe, keine Ablenkungen dürfen Sie stören. Nehmen Sie eine passive Haltung gegenüber eindringenden Gedanken ein. Sie sollen nicht ins Bewußtsein kommen, konzentrieren Sie sich auf den geistigen Fokus.

Und so funktioniert es nun:

▸ Formulieren Sie innerlich Ihre Entspannungsabsicht, wählen Sie sich einen geistigen Fokus, zum Beispiel das Wort „Loslassen".
▸ Machen Sie es sich bequem, und entspannen Sie die Muskeln.
▸ Atmen Sie langsam und ungezwungen. Bei jedem Ausatmen wiederholen Sie im Gedanken Ihr Fokuswort. Machen Sie das so lange, bis sich der Vorgang verselbständigt. Bleiben Sie passiv, und verbannen Sie ablenkende Gedanken.

Die Übung sollte zehn Minuten dauern. Danach sind Sie entspannt und aufnahmefähig für die Selbsthypnose.

Register

Abnehmen 16, 22
Adipositas 41
Agoraphobie 19
Aichmophobie 19
Akrophobie 19
Alkoholprobleme 35, 39
Alltagstrance 13
Alphawellen 8
Altruismus 11
analytische Hypnotherapie 15
Angst 15, 19–21
Arm-Levitationstest 12
Asthma 14, 15, 30
Atmung 8, 13, 19, 28
Augenfixation 14
autogenes Training 6, 7, 20

Bernheim, Hippolyte 5
Betawellen 8
Bettnässen 14
Bewußtsein 9
Bluthochdruck 30
Braid, James 5
Bulimie 40–43

Chronische Schmerzen 27

Depressionen 15, 42
Desensibilisierungstherapie 15, 20

Elektrischer Hautwiderstand 8
Elektroencephalogramm (EEG) 8
Emotionen 9
Entspannungssuggestion 14
Erickson, Milton 14
Eß-Brech-Sucht 41

Eßstörungen 15, 35
Existenzangst 21
Eye-Roll-Test 12

Fatigus-Effekt 14
Freud, Sigmund 6
Frigidität 24

Geburtshilfe 14, 28, 32
Gewichtsprobleme 22, 23

Halluzinationen 10
Herzschlag 8, 28
Höhenangst 15

Illusionen 10

Kinder 13
Klaustrophobie 19
Konfusionsmethode 14
Konzentrationsmangel 16, 19
Kopfschmerzen 16

Leistungssteigerung 16
Levitation 32

Magersucht 40, 41
Mantra 29
Meditation 6, 29
Menophobie 19
Menstruation 40
Migräne 29, 30
Müdigkeit 19
Muskelverspannung 28

Nägelkauen 16
Neurodermitis 30
Nytrophobie 19

Ochlophobie 19
Om 29

Operationen 31
Orgasmus 24

Panikattacken 15, 20
Phantasien 10
Phobien 10, 15
Progressive Muskelentspannung 17, 45–47
Prüfungsangst 16
Pyrophobie 19

Rationalität 9
Rauchentwöhnung 14, 16, 35–39
Relaxation Response 47
Ruhelosigkeit 19

Schlafprobleme 16, 19
Schmerzen 14, 27–33
Selbsthypnose 6, 13, 15, 17, 29
sexuelle Probleme 14, 15, 23, 24
Streß 16, 19, 21
Süchte 15, 35–43
Suggestionstherapie 14, 20

Trance 6, 7

Unterbewußtsein 9–12

Vegetatives Nervensystem 9
vorzeitiger Samenerguß 24

Xenophobie 19

Zähneknirschen 14
Zahnmedizin 28
Zoophobie 19